HISTOIRES

POUR

LES PETITES FILLES

———

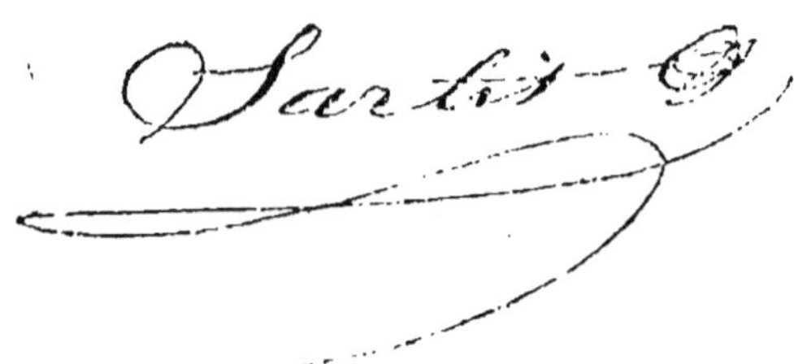

OUVRAGES DU MÊME AUTEUR

La Famille Dumonteil, ou Explication des sept Sacrements. 1 vol. in-12.................... 1 fr. 25 c.

Approbation de Mgr l'Évêque de Meaux.

L'ouvrage intitulé : LA FAMILLE DUMONTEIL, ou les Sept Sacrements, est très-bien pensé et bien écrit ; il annonce certainement du talent, et, ce qui est mieux encore, il révèle une âme excellente. Ce livre pourra être lu avec fruit, surtout par les jeunes personnes, auxquelles il est spécialement destiné.

JOSSE,
VICAIRE GÉNÉRAL DE MEAUX.

Le Pouvoir de la Charité, ou Blanche et Mathilde 1 vol. in-12.................... 1 fr. 25 c.

Leçons de Civilité, à l'usage des jeunes enfants 1 vol. in-18.................... » 60 c.

CORBEIL, typ. et stér. de CRÉTÉ.

PREMIERS ENSEIGNEMENTS CHRÉTIENS

EN FORME

DE PETITES HISTOIRES

POUR LES PETITES FILLES

PAR

Mme MARIE DE BRAY

PARIS

NOUVELLE LIBRAIRIE CLASSIQUE

VICTOR SARLIT, LIBRAIRE-ÉDITEUR

RUE SAINT-SULPICE, 25

1859

INTRODUCTION

LA BONNE DÉSIRÉE ET LA PETITE JENNY

———

« Viens au près de moi, Jen ny ;
« mets tes pe ti tes mains dans les
« mien nes, et don ne-moi un bon
« bai ser sur les deux joues... Bien !
« voi là qui est fait. Nous al lons
« cau ser main te nant ; car tu as
« au jour d'hui cinq ans ; et, à cinq
« ans, u ne pe ti te fil le bien dou ce

1

« et bien o béis san te com me
« Jen ny, cau se rai son a vec
« sa sœur aî née. — Vois - tu ce
« beau li vre où sont de jo lies
« i ma ges et des his toi res a mu-
« san tes ! je te le don ne, a fin de
« t'en cou ra ger à bien ap pren dre
« à li re pen dant l'ab sen ce de
« no tre chè re ma man. Tu vien-
« dras cha que ma tin pren dre ta
« le çon près de moi. Oh ! com me
« elle se ra con ten te à son re tour,
« cet te ex cel len te mè re , en
« vo yant sa Jen ny si sa van te ! »

Ain si par lait la bon ne Dé si-
rée à sa pe ti te sœur Jen ny. Désirée é tait une gran de de moi sel le
de qua tor ze ans à la quel le ma-
da me Ber nard, sa mè re, a vait
con fié Jen ny pen dant les quelques jours d'ab sen ce que né ces-
si taient des af fai res de fa mil le.
Leur pè re, tou jours oc cu pé
dans u ne ad mi nis tra tion, ne
les vo yait que le ma tin et le soir;
mais les deux sœurs s'ai maient
tant, et Dé si rée é tait si rai son-
na ble qu'il é tait sans in quié-

tu de sur la ma niè re dont se passaient leurs journées.

La pe ti te Jen ny, toute jo yeu se du li vre que sa sœur ve nait de lui don ner, l'em bras sa ten dre ment, et lui pro mit de bien é tu dier pour fai re plai sir à leur ma man. Elle prit en sui te le vo lu me, qui é tait re cou vert d'un joli car ton na ge bleu et or, or né de bel les i ma ges co lo riées, et se mit à l'é cart pour é pe ler sa le çon, afin de la li re cou ram ment quand sa sœur Dé si rée l'ap pel le rait au près d'el le.

I

Première lecture de la petite Jenny

Le len de main, a près u ne pro-
me na de dans le jar din, Dé si rée
dit à Jen ny d'ap por ter son li vre.
Celle-ci o bé it a vec joie. El les s'as-
si rent tou tes les deux sous un ber-
ceau de li las en fleur, et l'en fant
lut à hau te voix ce qui suit :

———

1.

COMMENT UNE PETITE FILLE DOIT AIMER LE BON DIEU.

« Ma man, di sait An gè le à sa bon ne mè re, vous me par lez souvent du bon Dieu ; vous me di tes de l'ai mer de tout mon cœur ; mais je ne l'ai ja mais vu. Com ment peut-on ai mer ce que l'on ne voit pas ?

« — Ma fil le, ré pon dit ma dame Se ve net, lors que ton on cle Fré dé ric t'a en vo yé cet te jo lie pou pée qui t'a fait tant de plai sir, ne t'es-tu pas é criée : Ah ! que mon on cle est bon de pen ser ain si à moi ! Com me je l'ai me ! Et ce-pen dant, tu ne le con nais sais pas.

— C'est vrai, ma man ; mais je je vo yais qu'il s'oc cu pait de moi, et je l'ai mais à cau se de ce la.

— Eh bien ! ma pe ti te An-gè le, c'est le bon Dieu qui t'a don-né tout ce que tu pos sè des : une jo lie mai son pour te lo ger ; le pain, les gâ teaux, les fruits que tu ai mes tant ; ton a gneau et ta co-lom be ; les vê te ments que tu por tes; en fin c'est le bon Dieu qui t'a don né la vie, ton pa pa, ta ma man et ton on cle Fré dé ric.

— Ah ! ma man, que Dieu est bon, et com me je vais l'ai mer !... s'é cri a An gè le en joi gnant les mains, et en le vant les yeux au Ciel. Mais où donc de meu re le bon Dieu ?...

— Par tout, mon en fant. Il est dans l'air que tu res pi res; il est dans l'église où je te con duis quel- que fois ; il est dans cet te bel le fo rêt où nous som mes allées hier ;

il est dans ton cœur et dans le mien ; il est là près de nous ; il est au ciel, sur tout, où tu le ver ras un jour com me tu me vois, si tu l'ai mes bien i ci-bas.

— Com ment donc prou ver à Dieu que je l'ai me? de man da An gè le.

— Il faut le ma tin, à ton ré veil, fai re le si gne de la Croix, et lui di re : » Mon Dieu, je vous of fre mon cœur, pre nez-le, s'il vous plaît, afin qu'au cu ne cré a ture ne me le ra vis se. » Puis, te le ver tout de suite sans pleu rer com me tu le fais quel que fois, — car le bon Dieu bé nit les en fants o bé is sants; et ré ci ter ma tin et soir ta pri è-re à ge noux près de moi. A vant de t'en dor mir, tu dois en co re fai-re le si gne de la Croix, et prier Dieu qu'il veil le sur ton som-meil.

— Mais, ma man, je fais tout ce-la, s'é cria la pe ti te An gè le en frap pant des mains a vec joie. A-lors je suis donc sû re d'ai mer le bon Dieu !

— Sans dou te, ma chè re en fant, mais tu n'es pas tou jours at ten ti ve en ré ci tant tes pri è res ; tu tour nes la tê te à droi te et à gau che ; tu t'in ter romps pour me de man der ta tas se de lait ou pour é cou ter le chant de ton oi seau ; tu pleu res même quel que fois par ce que tu trou ves ta pri è re trop lon gue... Et, quand on ai me bien le bon Dieu, on ne fait pas tou tes ces cho ses-là. »

An gè le bais sa la tê te, par ce qu'el le sa vait bien que sa ma man

di sait la vé ri té, puis el le re prit :
« Je ne le fe rai plus, pe ti te mè re,
je vous le pro mets. »

Et, de puis ce temps-là, An gè le
ré ci ta tous les ma tins et tous les
soirs ses pri è res a vec beau coup
d'at ten tion et de res pect. Le bon
Dieu la bé nit. El le de vint en peu
de temps une gran de de moi sel le
et fut dé si gnée de bon ne heu re
pour fai re sa pre miè re com mu-
nion. »

Dé si rée em bras sa sa pe ti te
sœur, en la fé li ci tant sur la ma-

niè re dont elle a vait lu sa leçon.
En ef fet, Jen ny a vait prononcé
les mots bien dis tinc te ment, sans
â non ner, comme font les en fants
pa res seux, et mê me sans s'oc-
cu per d'un beau pa pil lon aux ai-
les d'or qui vol ti geait au tour
d'el le.

II

La petite Jenny prend des macarons.

Jen ny é tait un peu gour man-
de ; et, quel que fois, el le se ren-
dait ma la de par ce qu'el le goû-
tait hors de ses re pas à des fruits
ou à des gâ teaux. Dé si rée lui
a vait bien re com man dé de ne
ja mais rien man ger sans lui en
de man der la per mis sion ; mais

Jen ny vit dans la jour née u ne
as siet tée de ma ca rons pré pa rée
pour le des sert. Ils lui sem blè-
rent si do rés, si ap pé tis sants
qu'el le en prit trois ou qua tre,
et les a va la bien vi te com me
u ne pe ti te gour man de qu'el le
é tait. Elle sa vait bien qu'el le faisait mal, d'a bord par ce qu'el le
dé so bé is sait, puis par ce qu'elle pre nait u ne cho se qui ne lui
ap par te nait pas : ces ma ca rons
é taient à son pa pa. — Mais el le
se disait en el le-mê me pour se

ras su rer : « On n'en sau ra rien. »

Ce pen dant Dé si rée, en je tant un coup d'œil sur les ma ca rons, vit qu'il en man quait plusieurs. El le de vi na tout de sui te ce qui s'é tait passé ; mais el le ne dit rien à Jen ny. El le l'ap pe la près d'el le, ou vrit le jo li livre bleu, et lui dé si gna l'his toi re suivan te :

DIEU VOIT TOUT.

Ma man, vou lez-vous me permet tre d'al ler jouer dans le jardin ? de man dait Es tel le Bo na dier à sa mè re.

Je le veux bien, mon en fant ; mais à con di tion que tu ne cueil le ras au cu ne fleur. Je te le dé fends ex pres sé ment.

— Je vous le pro mets, ma man. Je m'a mu se rai seu le ment à les mon trer à ma pou pée. »

Es tel le prit alors sa pou pée, qui se nom mait Lis beth, ou vrit la por te du sa lon don nant dans le jar din, et dis parut bien tôt der riè re un bos quet de chè vre feuil le.

El le se con ten ta d'a bord de re gar der les ro ses, les lis, et les pois de sen teur. El le s'en ap pro chait bien près et les mon- trait à Lis beth en lui di sant : « Vois com me ces fleurs sont jo- « lies et com me el les in cli nent « gra cieu se ment leurs ti ges vers « nous... mais il ne faut pas les « cueil lir par ce que ma man le « dé fend. » Ce pen dant, a près quel ques tours de jar din, Es- tel le s'ar rê ta de vant un ro sier qui a vait tant de ro ses, tant de

ro ses, que les bran ches ploy aient
sous leur doux far deau. « Oh !
« quel ma gni fi que ro sier ! s'é-
« cria la pe ti te Es tel le. En vé-
« ri té, ma man est bien sin gu
« lière de me dé fen dre de cueil lir
« une seu le fleur, tan dis qu'il
« y en a tant ! Ma pou pée se rait
« si gen til le avec une de ces ro ses
« dans les che veux ! » En di sant
ces mots, Es tel le re gar da de tous
cô tés. El le ne vit per son ne. « Au
« sur plus, pen sa-t-elle, je puis
« bien en cueil lir une seu le... la

« moins épa nouie... ma man n'en « sau ra rien ! » Et, au mê me ins- tant, la pe ti te dé so bé is sante a van ça la main pour pren dre la ro se ; mais el le je ta aus si tôt un cri de dou leur. Une guê pé, qui se trou vait au fond du ca li ce de la fleur, a vait en fon cé son dard dans le doigt d'Es tel le. Sa ma man ac cou rut en l'en ten dant cri er, et la pe ti te fil le, tout en pleurs, lui con ta sa dé so bé is san ce.

« Ma fil le, lui dit sa ma man, je ne te plains plus. Dieu t'a pu nie.

— Ma man, ré pon dit la pe ti te Es tel le, j'ai mal fait de vous dé so bé ir ; mais je croy ais que vous ne le sau riez pas.

— Mais Dieu le sa vait, lui, ma fil le, et ce la de vait te suffire.

—Com ment Dieu pou vait-il sa voir que je vous dé so bé is sais, puis que je ne l'a vais dit à per son ne ?

— Dieu sait tout, Dieu voit tout, mon en fant. Rien ne lui est ca ché. Il a tou jours les yeux sur toi. Il dé tes te les pe ti tes fil les dé so-

bé is san tes, gour man des, co lè-
res, pa res seu ses, men teu ses; et
il les pu nit.

— Pe ti te mè re, si j'a vais
cueil li cet te ro se la nuit, est-ce
que Dieu m'au rait vue?

— Oui, ma fil le. Il n'y a pas de
nuit pour le bon Dieu. Un seul de
ses re gards é clai re les plus ob-
scu res té nè bres.

— Ah! ma man, je ne dé so béi-
rai plus. Je me sou vien drai toujours que, si vous ne me vo yez
pas, le bon Dieu, lui, me voit. »

III

La petite Jenny demande pardon à Dieu de sa gourmandise et de sa désobéissance.

A me sure qu'el le li sait cet te his toi re, la pe ti te Jen ny rou gissait, ses yeux se gon flaient, el le pou vait à pei ne pro non cer les mots. En fin, quand elle eut fi ni, el le se mit à pleu rer.

— Pour quoi donc pleu restu, Jen ny? de man da la bon ne Dé si rée.

. — « Par ce que j'ai déso bé i com me Es tel le, ré pon dit Jen ny, et sans dou te Dieu m'au ra vue. Il va me punir. » Et Jen ny re gar da ses pe ti tes mains pour s'as su rer qu'u ne mé chan te guê pe ne l'a-vait pas en co re piquée.

— Oui, ma sœur, Dieu t'a vue man ger les ma ca rons ; Dieu te voit dans ce mo ment où tu me par-les ; Dieu con naît le fond de ton cœur. Tu as été déso bé is sante, gour-

man de, et mê me *vo leu se*, puisque tu as pris sans per mis sion ce
qui ne t'ap par te nait pas. Mais,
com me tu m'a voues ta fau te et
que tu t'en re pens sin cère ment,
j'es pè re que le bon Dieu te pardon nera si tu prends la fer me ré-
so lu tion de ne plus ja mais re-
com men cèr. Viens te met tre à
ge noux près de moi, et di sons
en sem ble : « Mon Dieu, je vous
« de man de par don de ma dé so-
« bé is sance. Je vous pro mets de me
« rap pe ler tou jours que vous êtes

pré sent par tout, et que vous voyez tout. » Jen ny a vait ré ci té cet te pe ti te pri è re a vec tant de re pen tir que Dé si rée, pour la ré com pen ser, lui per mit de con-ti nuer ain si sa lec tu re.

LE MODÈLE DES ENFANTS.

Dans u ne pe ti te vil le de la Ju-dée, bien loin, bien loin d'i ci, na-quit, il y a fort long temps, un di vin en fant qui est le mo dè le

des en fants chrétiens. Il é tait pauvre, et sa bon ne mè re n'a vait pas
mê me de lan ges pour l'en ve lop-
per ni de ber ceau pour re po ser
ses mem bres dé li cats ; mais son
re gard é tait si doux, son sou ri re
si gra cieux, qu'en s'ap pro chant
de lui, on l'ai mait plus qu'au cun
au tre en fant. Bien tôt de pau vres
ber gers, a ver tis par des an ges
de sa nais san ce, vin rent l'a do-
rer; puis des rois, gui dés par une
étoi le bril lante, lui of frirent de
ri ches pré sents... — Et l'en fant

sou riait aux ber gers et aux rois ; il leur ten dait ses pe ti tes mains ; il ca res sait dou ce ment sa mè re, la sain te Vier ge Ma rie, et son pè re nour ri cier, saint Jo seph, qui se pen chaient vers lui pour l'em- bras ser et pour l'a do rer, car cet en fant, c'é tait Dieu !... Et ce pen- dant il obé is sait à ses pa rents ; il leur é tait sou mis. Ja mais le plus lé ger men son ge ne souil la ses lè vres, ja mais la plus pe ti te im- pa tien ce ne flé trit son front ; ja- mais la gour man di se a vec son hideux cor té ge de ma la dies, ni la dé so bé is san ce ou la pa res se n'ef fleu rè rent sa jeu ne â me. Il gran dit, et, en gran dis sant, il crût en grâ ce et en sa ges se. Deve nu plus âgé, il se rap pe lait a voir pas sé par tou tes les misè res de l'en fan ce, ex cep té le péché ; il ai mait les en fants sa ges et in no cents. Il di sait aux per sonnes qui l'en tou raient : « Lais sez ve nir à moi les pe tits en fants. » Puis il les bé nis sait ! — Il mourut sur une croix pour les sau ver, et,

en mar chant au sup pli ce, il s'at-
ten drit en co re sur eux.

O vous tous, en fants chré tiens,
qui vou lez être ai més de Dieu.
i mi tez le di vin Jé sus !

LV

**Jenny va se promener avec sa tante
Thérèse et sa sœur Désirée.**

Quel ques jours a près, les deux
sœurs ac com pa gnées d'u ne de
leurs tan tes, qui s'ap pe lait Thérèse, al lè rent se pro me ner dans un
jo li bois peu é loi gné de leur de—
meu re. Il é tait é mail lé de fleurs
de tou tes les cou leurs, dont Jenny fit un gros bou quet pour l'of-

frir en ren trant à son pa pa. Elle cou rut aus si a près les pa pil-
lons et les pe tits in sec tes qui
vol ti geaient dans l'air ou se ca-
chaient sous le ga zon ; non pas
pour leur ar ra cher les ai les, comme font les en fants cruels, mais
pour les re gar der, les ca res ser,
et, a près les a voir ad mi rés, leur
ren dre la li ber té.

Quand el le fut fa ti guée d'a voir
cou ru, el le vint s'as seoir en tre sa
tan te Thé rè se et sa sœur Dé si-
rée ; puis, com me el le a vait em-

por té le li vre bleu, el le com men-
ça ain si.

ON NE DOIT PAS PARLER TOUT HAUT DANS L'ÉGLISE.

« Ber the, dit ma da me Du val à sa pe ti te fil leu le qui fai sait des cour ses a vec el le, puis que nous voi ci près d'u ne é gli se, nous al lons y en trer pour fai re no tre pri è re. Je te re com man-de d'ê tre bien sa ge, et de ne pas par ler tout haut . »

Ber the pro mit à sa mar rai ne

de gar der le si len ce. En en trant, el le prit de l'eau bé ni te, fit le si- gne de la croix; puis, a près a voir fait une bel le ré vé ren ce de vant l'au tel, l'en fant s'a ge nouil la au pied de la sta tue de la sain te Vier ge, joi gnit ses pe ti tes mains, et ré ci ta tout bas le *No tre Père* et le *Je vous sa lue, Ma rie,* en a jou tant u ne cour te in vo ca tion pour ses pa rents, ses a mies et ses bien fai teurs. El le ter mi na par un au tre si gne de croix, et se tour na vers sa mar rai ne pour voir si el le a vait fi ni de pri er ; mais, la voy ant tou jours pros ter- née, Ber the re gar da at ten ti- ve ment la sain te Vier ge qui a- vait u ne bel le cou ron ne de dia- mants et de fleurs, u ne ro be blan- che et un voi le de den tel les. Le pe tit en fant Jé sus qu'el le te nait dans ses bras a vait aus si u ne ma gni fi que cou ron ne sur la tê- te. Il ten dait vers Ber the ses mains ca res san tes, et sem blait lui de man der un bai ser.

Tan dis que cel le-ci l'a do rait

dans son cœur, un mé chant petit gar çon qui é tait der riè re elle, se mit à cri er bien fort qu'il
vou lait s'en al ler. En vain sa
ma man cher chait à le fai re tai-
re. Il cri ait plus fort en co re ; il
tré pi gnait, il re pous sait sa maman. Ber the en é tait hon teu se
pour lui, tant il é tait laid, ce
mé chant en fant. — A lors la
ma man sor tit de l'é gli se en disant qu'el le al lait lui don ner du
pain sec pour son dé jeu ner.
Quant à Ber the, el le a vait é té

si rai son na ble que sa mar rai ne,
en ren trant, lui fit ca deau d'u-
ne jo lie i ma ge qui re pré sen
tait la sain te Vier ge et l'en fant
Jé sus.

V

**Jenny cause avec sa tante Thérèse
et sa sœur Désirée.**

La tan te Thé rè se ca res sa beaucoup sa pe ti te niè ce, en lui di sant
qu'el le a vait fait de grands pro grès,
ét que, si el le con ti nuait à bien s'ap-
pli quer, sa ma man se rait bien con-
ten te. Jen ny, tou te jo yeu se, se
mit à cau ser et dit à la bon ne Dé-

si rée : « Ma sœur, cet te bel le da-me en blanc, tou jours en tou rée de fleurs, que tu me fais pri er cha-que jour, c'est donc la ma man du pe tit Jé sus dont j'ai lu hi er l'his-toi re ?

— Oui, Jen ny ; c'est la sain te Vier ge Ma rie, et ce bel en fant qu'el le tient dans ses bras, c'est Jé-sus lui-mê me.

— Et quel est donc le pa pa du pe-tit Jé sus ?

— C'est le bon Dieu, dit la tan te Thé rè se, mais Jé sus est en mê me temps Dieu lui-mê me en u nion avec u ne troi siè me per son ne que l'on ap pel le le Saint-Es prit, et qui est sou vent repré sen tée sous la for me d'u ne de ces jo lies co lom bes que tu ai mes tant.

— Mais ma man m'a tou jours dit qu'il n'y a qu'un seul Dieu...

— Ta ma man t'a dit la vé ri té, ma pe ti te niè ce. Il n'y a qu'un seul Dieu, mais il y a trois per son nes en Dieu : le Pè re, le Fils et le Saint-Es prit. C'est ce qu'on ap pel le le mys tè re de la Sain te Tri ni té.

— Je ne com prends pas, ma tan te.

— Tu n'as pas be soin de le com-pren dre, mon en fant. Dieu, dans sa tou te-puis san ce, s'est ré ser vé la con nais san ce de mys tè res que nous ne de vons pas cher cher à pé-né trer, mais qu'il faut croi re de tout no tre cœur.

— Et la sain te Vier ge est-el le Dieu aus si ? de man da en co re Jen ny.

— Non : la sain te Vier ge est la fil le du bon Dieu et la mère de l'en-fant Jé sus.

— Ma tan te, je cro yais que Dieu

seul peut nous ac cor der ce que nous dé si rons; a lors pour quoi pri ons-nous la sain te Vier ge ?

— Jen ny, si ta ma man te de man-dait de fai re quel que cho se qui lui fût a gré a ble, lui re fu se rais-tu ?

— Cer tai ne ment non, ma tan te. Je m'em pres se rais de faire ce qu'el-le me di rait.

— Eh bien ! la sain te Vier ge pré-sen te nos pri è res à son di vin Fils, qui se hâ te de les ex au cer pour fai re plai sir à sa bon ne mè re.

— Ah ! je vois main te nant qu 'il

faut tou jours a voir beau coup de con fi an ce dans la sain te Vier ge, re prit la pe ti te Jen ny.

— Ton li vre con tient jus te ment u ne his toi re sur ce su jet, a jou ta la tan te Thé rè se en in di quant à sa niè ce u ne i ma ge qui re pré sen tait u ne pe ti te de moi sel le pros ter née et pri ant avec fer veur. Veux-tu me la li re ?

— Bien vo lon tiers, ma tan te, ré pon dit Jen ny.

LA SAINTE VIERGE PEUT TOUT AUPRÈS DU BON DIEU.

Lu cie é tait u ne char man te enfant qui ai mait beau coup la sain te
Vier ge ; et la sain te Vier ge l'aimait beau coup aus si. Un jour, son
frè re É dou ard tom ba ma la de. En
peu d'instants le mal aug men ta
a vec tant de vio len ce que l'on crut
qu'il al lait mou rir. Tan dis que le
pa pa et la ma man des deux en fants
pleu raient au près du lit du pe tit
ma la de, Lu cie cou rut s'a ge nouil-

ler de vant u ne gra vu re qui re pré-
sen tait la sain te Vier ge, et s'é cria
en san glo tant : « Sain te Ma rie,
« pri ez pour mon frè re ! Sain te
« Ma rie, sau vez mon frè re ! » Puis
el le ré ci ta a vec fer veur plu sieurs
Ave, Maria, car el le é tait si jeu ne
en co re qu'el le ne sa vait que cet te
pri è re. — Il y a vait dé jà long temps
qu'el le é tait à ge noux quand sa maman en tra dans la cham bre de Lu-
cie. « Que fais-tu donc là, mon
en fant ? » lui de man da-t-elle.
« Ma man, dit Lu cie, vous m'a vez

dit plu sieurs fois que la sain te Vier ge peut tout au près du bon Dieu. Je lui de man de la gué ri son de mon frè re. » Ma da me de Ren-ne val prit sa fil le dans ses bras, et, la pres sant sur son cœur : « Chè re en fant, s'é cri a-t-elle, la sain te Vier ge t'a ex au cée. Re mer cions-la tou tes deux, car ton frè re est sauvé ! »

VI

Jenny continue de causer avec sa tante Thérèse et sa sœur Désirée.

— Ma tan te, dit Jen ny a près a voir lu cet te his toi re, si le pe tit É douard é tait mort de cet te ma la die, où se rait-il al lé ?

— Je pen se qu'É douard é tait un pe tit gar çon bien obé is sant, bien doux, bien pieux, ré pon dit la tan te

Thé rè se. S'il en é tait ain si, le bon Dieu l'au rait pla cé dans le Pa ra dis. C'est là, qu'a près leur mort, vont tous les en fants qui ont été bien sa- ges pen dant leur vie.

— Et que fait-on dans le Pa ra dis?

— On fait tout ce que l'on dé si re ; on ne pleu re ja mais. Il n'y a ni nuit ni té nè bres ; les fleurs ne se flé tris- sent point, l'air est tou jours pur et sans nu a ges. On jouit de la vue de Dieu, de la sain te Vier ge et des saints. On est heu reux pour tou jours.

— Te sou viens-tu, ma sœur, con-

ti nua Jen ny en s'a dres sant à Dé si-
rée, te sou viens-tu de cet te gra vu re
que tu m'as don née, qui re pré sen te
le bon Dieu en tou ré de pe tits an-
ges? Est-ce qu'É douard se rait deve nu com me eux ?

— Oui, ma sœur, les pe tits enfants qui vont dans le Pa ra dis de-
vien nent des an ges.

—· Oh! que je vou drais être un
an ge! que je vou drais ha bi ter le
Pa ra dis ! s'é cria Jen ny en frap pant
ses pe ti tes mains l'u ne con tre l'autre, et en sau tant de joie. Comme on

doit ê tre heu reux de voir le bon Dieu et la sain te Vier ge, et de jouer a vec ces pe tits an ges !...

— Tu i ras un jour Jen ny, si tu con ti nues de fai re tes pri è res avec at ten tion, d'o béir à ton pa pa, à ta ma man, à ta bon ne sœur Dé si rée ; si tu é tu dies bien tes le çons ; mais si, au con trai re, tu étais dé so béissan te, gour man de, co lè re ou pares seu se, tu i rais dans l'en fer.

Dans l'en fer ! Oh ! com me ce mot est laid ! qu'est-ce donc que l'en fer ?

— C'est un lieu où l'on brû le toujours, toujours ; où il fait tou jours nuit, où l'on pleu re sans ces se, où l'on a tou jours faim, tou jours soif, où l'on ne voit ja mais ni le bon Dieu, ni la sain te Vier ge, ni les an ges. C'est là que vont les en fants mé chants.

— Oh ! ma tan te, je n'i rai pas en en fer, je te le pro mets, par ce que je veux être tou jours bien sa ge. »

La tan te Thè re se et Dé si rée em bras sè rent la pe ti te Jen ny, et, t out en cau sant, el les re pri- rent le che min de la mai son.

VII

Les enfants charitables vont dans le Paradis.

Tout à coup, Jen ny s'ar rê ta, et, dé si gnant u ne jeu ne en fant qui s'a van çait de leur cô té : « Re- gar dez donc, ma tan te, s'é cri a - t-el le, re gar dez donc cet te pe- ti te fil le ; oh ! com me el le est pâ le ! com me el le pa raît tris te !

El le est nu-pieds, et sa ro be est tou te dé chi rée. Pour quoi donc sa ma man ne lui a chè-te-t el le pas u ne jo lie ro be com me la mien ne ?...

— C'est que sa ma man est pau-vre. Peut-être n'a-t-el le pas mê-me d'ar gent pour lui a che ter du pain.

— Ah ! mon Dieu, que je la plains ! Si tu vou lais me le per-met tre, ma sœur, je lui don ne rais le gâ teau que j'a vais em por té pour la pro me na de.

— Tu n'as donc pas faim, Jenny ?

— J'ai bien faim, au con trai re. Mais je suis sû re de trou ver du pain à la mai son, tan dis que cet te pau vre pe ti te fil le n'en au ra peut-être pas. »

En di sant ces mots, Jen ny ten dit son gâ teau à la men dian té. La pe ti te fil le le prit en re mer ciant beau coup, et le mor dit à bel les dents avec un air si af fa mé que la pe ti te Jen ny é- prou vait en co re plus de plai sir

à le lui voir man ger qu'à le manger el le-mê me.

« — Tu as fait u ne bon ne ac-
ti on, mon en fant, lui dit sa tante. Le bon Dieu se ra con tent ;
et, si tu con ti nues ain si, tu i ras
dans le Pa ra dis ; car les en fants
cha ri-ta bles sont des an ges sur
la ter re et dans le ciel.

VIII

La petite Jenny surmonte sa contrariété pour faire plaisir à son papa.

En rentrant, les deux sœurs trouvèrent leur papa qui les attendait pour dîner. Il écouta avec bonté le récit que lui fit Jenny du plaisir qu'elle avait goûté à la promenade, admira le beau bouquet qu'elle lui rappor tait, et fut cu rieux de jouir des progrès que sa fil le avait faits de puis quel que temps. Il lui de- manda le li vre bleu ; et, l'ou vrant au ha sard, il la pri a de li re quel- ques li gnes. Jen ny a vait bien faim ; el le é tait un peu fa ti guée de sa lon gue pro me na de ,et, dans ce mo ment, el le eût pré fé ré u ne bon ne as siet tée de sou pe aux plus jo lies his toi res du mon- de. El le fit d'a bord u ne pe ti te moue qui an non çait sa con tra- rié té ; mais le dé sir de fai re plaisir à son pa pa lui fit vain cre promp te ment ce lé ger mou ve- ment d'hu meur. El le se hâ ta d'o bé ir.

IL NE FAUT JUGER PERSONNE TÉMÉRAIREMENT.

« Blan chet! Blan chet! ap pe lait A naïs de sa voix la plus dou ce. Blan chet!... hé las! il ne re vien- dra plus! il est per du, mon pau- vre pe tit chat si gen til, si drô- le, qui faisait toujours patte de ve lours, qui m'ai mait tant!.... Blan chet! Blan chet!... »

Et l'en fant prê tait u ne o reil-
le at ten ti ve, es pé rant en ten-
dre un miau le ment de son chat
fa vo ri ; mais les mi nu tes, les
heures, deux jours en tiers s'é taient
é cou lés, et Blan chet ne re venait pas !

« Je suis sûre ma man, di sait-
el le, que c'est le pe tit Paul qui
l'a em por té. Il le re gar dait
tou jours a vec en vie lors qu'il
me voy ait jouer a vec lui, et di-
man che en co re il s'é cria ! « Est-il
jo li, ton pe tit minet ! tu de vrais

bien me le don ner ; » Oui, c'est Paul qui l'au ra at ti ré chez lui, et qui le tient en fer mé, mon pau vre Blan chet !

— Ma fil le, il ne faut ja mais soup çon ner les au tres, ré pon dit la ma man d'A naïs. Paul peut a-voir trou vé ton chat très-gen til sans pour ce la a voir l'in ten ti on de te le pren dre. Tu sais que je lui ai de man dé moi-mê me hi er s'il a vait vu Blan chet, et qu'il m'a as su rée que non Nous devons le croi re

— Paul est un pe tit men teur. Je suis sûre qu'il a em por té mon chat, et qu'il ne veut pas vous l'a vouer de peur d'ê tre gron dé. Oui, j'en suis sûre ! »

Com me A naïs a che vait ces mots, un coup frap pé à la por te, sui vi d'un miau le ment bien con-nu, se fit en ten dre, et, sur l'in vi-ta tion de la maman d'A naïs, u ne jeu ne pay san ne en tra te nant Blan chet dans ses bras.

— « Mam' sel le, dit-el le, n'est-ce pas à vous ce jo li mi net blanc ?

— Oui, oui ! s'é cria l'en fant en sau tant de joie et en man geant son chat de ca res ses. C'est Blan chet ! Oh ! com bien je vous re mer cie, Pier ret te ! Où donc l'a vez-vous trou vé ?

— Mon Dieu, Mam' sel le, voi là que, de puis deux jours, j'en ten dais dans le ca veau des miau le ments, des miau le ments, que ça me fen dait le cœur ! Mais mon pa pa a vait la clef du ca veau dans sa po che, et il é tait allé en mois son. En fin, tout à l'heu re,

son ar ri vée, je n'eus rien de plus
pres sé que de le pri er d'ou vrir
le ca veau, et j'ai trou vé mon-
sieur Mi net ta pi dans un coin,
qui miau lait ! qui miau lait ! ...
J'ai tout de sui te pen sé que c'é-
tait vo tre chat et je vous le
rap por te. »

Pier ret te re çut u ne bon ne ré-
com pen se de la ma man d'A naïs.
Quand la pay san ne fut par tie,
ma da me Des rues dit à sa fil le : Eh
bien ! mon en fant, n'a vais - je pas
rai son de te blâ mer des soup çons

que tu a vais con çus con tre Paul?
Vois com bien il faut se gar der de
ju ger les ac tions des au tres. Si tu n'a-
vais pas re trou vé Blan chet, Paul
au rait tou jours pas sé à tes yeux
pour un pe tit vo leur et un pe tit
men teur. Que cet te a ven tu re te
ser ve de le çon. Sou viens-toi tou te ta
vie que nous ne de vons ja mais ju ger
té mé rai re ment per son ne. »

« Pa pa, j'ai bien faim, dit la pe ti-
te Jen ny, en ter mi nant.

Je te crois, mon en fant, et, com me
tu as mon tré beau coup de dou ceur

et d'o bé is san ce, nous al lons dî ner
tout de sui te, et fai re dire à la mar-
chan de d' ou bli es d' en ap por ter
pour le des sert.

———

IX

La petite Jenny continue sa lecture.

La lec tu re du li vre bleu é tait à la
fois pour Jen ny u ne a gré a ble ré-
cré a tion et u ne é co le de mo ra le
où el le pui sait de bons sen ti ments,
et le dé sir ef fi ca ce de se cor ri ger
de ses dé fauts. Un jour qu'el le
avait mon tré un peu de ran cu ne
en vers u ne en fant qui s'é tait mo-

quée d'el le, Dé si rée lui fit li re l'his-
toi re sui van te :

IL FAUT PARDONNER.

É li sa et Cé les te é taient deux
pe ti tes de moi sel les de six à sept
ans qui s'ai maient beau coup, bien
qu'el les eus sent un ca rac tè re tout
à fait dif fé rent. É li sa é tait très-
vi ve, et se met tait mê me quel que-
fois en co lè re, ce qui la ren dait bien
lai de. Cé les te, au con trai re, é tait
la dou ceur mê me ; son jo li vi sa ge

re flé tait la paix de son â me. Il a vait u ne ex pres sion an gé li que qui ré- pon dait au nom que lui a vait donné sa mar rai ne. Sou vent con tra riéé par É li sa, el le lui cé dait tou jours, et le plus lé ger mou ve ment d'hu- meur ne pa rais sait ja mais ni dans ses yeux ni sur ses lè vres. Un jour que les deux en fants jou aient en sem ble à la da me, É li sa pri a Cé les te de lui prê ter sa pou pée. C'é tait un ma- gni fi que *bébé* à la tê te de por ce lai ne, aux yeux d'é mail, aux dents blan ches com me des per les, aux joues ro ses et re bon dies. Cé les te y te nait beau coup, par ce que sa ma-man ne la lui prê tait que les di man-ches et les jeu dis, lors qu'el le a vait été bien sa ge : crai gnant qu'É li sa ne la lais sât tom ber, el le la lui re-fu sa a vec dou ceur en lui of frant tous ses au tres jou joux. É li sa, fort con tra riée, in sis ta a vec co lè re, et fit tous ses ef forts pour l'ar ra cher des bras de sa com pa gne qui s'a-mu sait à ber cer sa pou pée. « Prends donc gar de, ma pe ti te amie, dit Cé-les te ; tu vas la ré veil ler ; tu vois

bien qu'el le com men ce à s'en dor-
mir. » Mais E li sa, rou ge de co lè re,
se pré ci pi te sur le mal heu reux
bébé, et le sai sit a vec tant de vio-
len ce que la tê te se bri se dans les
mains de Cé les te. La pau vre en fant
est bles sée par les é clats de la por-
ce lai ne ; son vi sa ge et sa ro be sont
en san glan tés. El le pleure a mè re-
ment de dou leur et de peur ; ce pendant el le n'a dres se pas un re pro-
che à la pe ti te E li sa qui res te là,
mor ne et si len cieu se, ef fra yée
el le-mê me de ce qu'el le vient de

fai re. Les deux ma mans des enfants ac cou rent ; et, en ap pre nant
par la bon ne qui les sur veil lait la
mé chan te ac tion d'E li sa, el les
veu lent la pu nir sé vè re ment en la
met tant pen dant huit jours au pain
sec et à l'eau. Mais Cé les te, à la vue
du dé ses poir de sa peti te com pa-
gne, ou blie ses bles su res et ses souf-
fran ces. El le se jet te tout en lar mes
aux ge noux des deux da mes, en s'é-
cri ant : « Ah ! ma man, ah ! Ma da-
« me ! par don nez à E li sa, je vous
« en con ju re !... El le ne l'a pas fait

« ex près ; el le ne le fe ra plus ja mais, ja mais... Je vous le pro mets pour el le. » Les deux ma mans fu rent si tou chées de la bel le ac tion de Cé- les te qu'el les ne pu rent s'em pê cher de pleu rer d'at ten dris se ment. El les par don nè rent à E lisa qui de vint aus si dou ce que sa pe ti te a mie, et qui, à son e xem ple, par- don na tou jours. »

X

Désirée dit à Jenny qu'il faut aimer tous les hommes.

« Ma sœur, dit Jenny, j'aime Céleste de tout mon cœur, et je vais m'efforcer de l'imiter en pardonnant aussi ; mais je t'avoue cependant qu'il m'est bien difficile d'aimer les personnes qui sont méchantes envers moi.

— Il le faut pourtant, Jenny. L'enfant Jésus que tu pries chaque jour, et qui est notre modèle, a non-seulement pardonné à ses ennemis ; mais encore il les a aimés jusqu'à mourir pour eux sur une croix.

— Mais quels étaient donc les ennemis de l'enfant Jésus, ma sœur ?

— Moi, toi, nos bons parents, tous les hommes, enfin, sont par le péché, les ennemis de Notre-Seigneur Jésus-Christ, et c'est pour effacer leurs fautes et les nôtres qu'il est mort dans les supplices. Jésus-Christ nous a donné l'exemple de toutes les vertus, mais la vertu par excellence est l'amour que nous devons porter à notre prochain, qui est aussi notre frère.

— Cependant, ma sœur, il y a des personnes que je n'aime pas du tout. Par exemple cette vieille femme dont la tête branle toujours, et qui n'a plus ni dents, ni cheveux... Elle me fait peur !...

— Ma chère enfant, supposons que cette vieille femme ou l'une des personnes que tu crois avoir été méchantes envers toi, fussent prêtes à mourir de faim... Leur refuserais-tu un morceau de pain ?..

— Oh ! certes non, ma sœur, bien qu'elles me déplaisent, je leur donnerais bien vite mon dîner tout entier.

— Eh bien ! Jenny, c'est ce que Dieu demande de toi : pardonner, rendre le bien pour le mal, faire aux autres ce que tu voudrais que l'on te fît. Plus tard, tu comprendras mieux que ce qui nous paraît impossible à cause de notre faiblesse, est possible avec le secours de Dieu. »

C'est ainsi que la bonne Désirée instruisait sa jeune sœur, et formait son cœur à toutes les vertus. Elle l'engagea de nouveau à bien se pénétrer du récit suivant :

RESPECT A LA VIEILLESSE.

La petite Marie avait eu le malheur de perdre ses parents ; mais le bon Dieu, qui regarde en pitié toutes ses créatures, lui avait laissé son grand-papa et sa grand'maman qui étaient bien vieux, bien vieux, et qui cependant trouvaient dans leur tendresse la force de s'occuper de leur petite-fille avec un soin touchant. Celle-ci répondait avec une grâce charmante à toutes les peines qu'ils se donnaient pour elle. Ce que l'on admirait surtout dans cette aimable enfant, c'étaient les attentions et le respect qu'elle portait à ces bons vieillards.

Le grand papa avait une oreille tout à fait bouchée, et l'autre ne valait guère mieux ; mais comme Marie s'était aperçue qu'il aimait beaucoup à l'entendre chanter, elle montait sur une chaise auprès de son grand-papa, et, se mettant tout près de sa bonne oreille, elle lui chantait toutes les jolies romances et tous les beaux cantiques qu'elle apprenait exprès pour lui faire plaisir. La bonne vieille grand'mère était presque aveugle. C'était Marie qui lui mettait dans la main ses lunettes et sa tabatière, qui, lui enfilait ses aiguilles, et qui, pour la distraire, lui faisait la lecture dans son livre de prières ou même dans le journal. Cette dernière lecture lui semblait souvent bien longue et bien ennuyeuse ; màis qu'importe ! Elle était contente, car elle voyait sa bonne grand'mère fort heureuse. Marie, en grandissant, devint de plus en plus la consolation de ses bons parents, qui, entourés de tant de tendresse et de soins, vécurent très-longtemps, et moururent en la bénissant. »

XI

La petite Jenny voudrait bien ne jamais vieillir.

« L'aimable petite demoiselle ! s'écria Jenny. Quand j'irai voir bonne maman à la campagne, je tâcherai, moi aussi, de savoir beaucoup de chansons pour les chanter à son oreille ; car elle n'entend jamais ce que je lui dis. Mais, ma sœur, est-ce que nous deviendrons vieilles comme cela.

— Oui, Jenny, dit Désirée en souriant. Notre grand'mère a été petite comme tu l'es maintenant ; elle est devenue peu à peu comme moi, puis comme notre chère maman, enfin elle est arrivée à l'âge où tu la vois.

— Oh ! mon Dieu, mon Dieu ! que l'on doit s'ennuyer quand on est vieux !

— La vieillesse est privée, en effet, de bien des jouissances. C'est pour cela que nous devons être remplies d'atten-tions et de respect pour tous les vieillards. Maman m'a dit souvent que nous ne devons jamais passer près d'une personne âgée sans la saluer, et qu'il est de notre devoir de saisir toutes les occasions d'égayer la vie de nos vieux parents.

— C'est égal, reprit Jenny, j'espère bien rester jeune longtemps encore ; car c'est trop triste d'être sourde, aveugle et de ne pouvoir courir !

XII

« Tu es un peu en retard aujour-
d'hui, Jenny, dit le lendemain Désirée
à sa sœur. Où donc étais-tu ?

Mais l'enfant, au lieu de répondre,
se mit à sauter, à rire, à crier, enfin à
faire un tapage infernal.

— Que te passe-t-il donc en tête ?

ajouta Désirée en retenant à peine une grande envie de rire.

— C'est que j'ai fait une niche à ma bonne, répondit Jenny en continuant de sauter. Elle sera un peu colère, mais cela m'amusera !

— Ce que tu dis là n'est pas bien, Jenny. On ne doit jamais se réjouir de la colère ou de l'ennui des autres. Mais qu'as-tu donc fait à cette pauvre Françoise ?

— Je lui ai caché son bonnet. Elle le cherche partout ; et, tout à l'heure, je viens de la voir descendre quatre à quatre les escaliers, coiffée seulement de son serre-tête noir, ce qui lui donne une si drôle de figure que je n'ai pu m'empêcher de partir d'un grand éclat de rire.

Et Jenny fit encore deux ou trois gambades. Désirée, elle aussi, en se représentant la figure de sa bonne coiffée de son serre-tête noir, se sentit prise d'un fou rire. Cependant, comme elle voulait soutenir son rôle de sœur aînée, elle se retint, et dit à Jenny d'un air qu'elle s'efforçait de rendre sévère :

— « Eh bien ! mon enfant, tu vas tout de suite porter à Françoise le bonnet que tu lui as caché, en la priant de te pardonner cette espièglerie.

— Mais, ma sœur… dit Jenny en faisant une petite moue.

— Cours bien vite, et obéis-moi, reprit encore Désirée ; puis, tu reviendras ici, et tu verras dans ton livre d'histoires que nous devons avoir de grands égards envers nos domestiques. »

Bien que la petite Jenny trouvât la pénitence assez dure, elle n'osa ré-

sister, parce qu'elle savait bien que l'o-
beissance est une des premières vertus
de l'enfance. Prenant le bonnet, elle
courut à la recherche de Françoise, qui
traversait au pas de course toutes les
chambres et tous les escaliers, deman-
dant son bonnet à toutes les patères et
à tous les champignons, regardant au
plafond si elle ne l'y voyait pas attaché.
« Ma bonne, dit Jenny, ne cherche
pas tant, et pardonne-moi. C'est moi
qui avais caché ton bonnet. Le voici.
Comme Françoise était une bonne fille,
elle n'eut pas le courage de gronder

Jenny, et la pria seulement de se dispenser une autre fois de ranger ses affaires. L'enfant revint à la hâte auprès de Désirée, et lut ainsi :

IL FAUT AVOIR DES ÉGARDS ENVERS LES DOMESTIQUES.

« Rose ! Rose, descendez-moi tout de suite mon chapeau, mon mantelet et mon ombrelle ! dépêchez-vous, je vous attends ! Ainsi criait à sa bonne Sidonie de Primival, enfant si altière, si impérieuse, que personne ne l'aimait. Rose descendit un instant après, tenant

à la main les objets que lui avait de-
mandés sa jeune maîtresse. Celle-ci
les prit avec impatience, en lui disant
d'un ton impérieux : Mettez-moi mon
mantelet, nouez mon chapeau. Vous
serrez trop fort, que vous êtes mala-
droite, Rose ! je le dirai à maman.
Je vous ferai renvoyer, vous pouvez
en être sûre. » Les yeux de Rose se
remplirent de larmes. C'était une jeune
orpheline, encore peu habituée au service, qui se fût trouvée sans asile si
madame de Primival ne l'eût prise en
pitié. Aussi, loin de répliquer à Sido-

nie, elle se laissait humilier à chaque instant, ne disait rien, supportait tout, et se trouvait ainsi le souffre-douleur de l'enfant.

Mais, cette fois, la maman de Sidonie, qui était dans la chambre à côté, avait entendu les paroles de sa fille. Quand Rose fut partie, Sidonie courut près de sa mère en lui disant : « Me voici prête, chère maman, à vous accompagner à la promenade.

— Vous pouvez ôter votre mantelet et votre chapeau, ma fille, répondit sévèrement madame de Primival. Vous ne viendrez-pas avec moi.

— Pourquoi donc, maman?

— Parce que je suis très-mécontente de vous. Vous venez d'agir avec dureté et grossièreté envers cette pauvre Rose, qui vous rend avec douceur tous les services que vous réclamez d'elle.

—Mais, maman, je ne croyais pas qu'il fallût prendre tant de précautions pour parler à une domestique, répondit Sidonie avec un certain embarras.

— Une domestique est un être comme nous, ma fille, dont la position mérite d'autant plus d'égards qu'elle est plus malheureuse.

— Enfin, maman, vous la payez. Cela suffit.

— Le croyez-vous? Sidonie. Croyez-vous que les services que l'on vous rend puissent se payer seulement avec de l'argent? Votre cœur ne vous dit-il pas que Dieu, en nous créant dans une position plus heureuse que celle des personnes qui nous servent, ne

6

nous a pas donné le droit de les humilier, et d'être impolis et ingrats envers elles ? »

Sidonie baissa la tête sans répondre.

« Quand une enfant réclame quelque service de ceux qui la servent, poursuivit madame de Primival, elle doit le faire avec douceur et politesse, les remercier de leurs bons offices, et ne jamais les traiter avec orgueil ou dureté.

— Mais, maman, reprit Sidonie, vous m'avez pourtant défendu plusieurs fois d'avoir de longues conversations avec ma bonne.

— Et je vous le défends encore, mon enfant. Mais il y une grande différence entre humilier ces pauvres gens, les écraser de notre dédain, et causer avec eux pendant longtemps. Rappelez-vous toujours que nous sommes tous égaux devant Dieu, et traitez vos domestiques avec les égards que vous voudriez que l'on eût pour vous si vous étiez à leur place. »

A partir de ce jour, Sidonie devint

aussi douce, aussi polie qu'elle avait été jusqu'alors dure et impérieuse. »

« Pour toi, ma petite Jenny, dit Désirée quand l'histoire fut terminée, je n'ai pas ce reproche à te faire. Tu parles toujours poliment à notre bonne ; mais tu aimes assez à lui faire des espiègleries et à t'amuser de sa mauvaise humeur. Il faut éviter cela, ma chère petite, parce que nos inférieurs sont très-susceptibles. Ils sont toujours portés à croire que l'on veut les humilier, et nous ne devons faire de peine à personne. »

XIII

La petite Jenny prie sa sœur de la laisser continuer sa lecture.

Jenny, tout en écoutant sa sœur, avait tourné les feuillets du livre, et s'était arrêtée à ce titre : La vanité punie. « Voilà une histoire qui doit être bien intéressante, dit-elle, puis-je la lire, ma bonne Désirée ?

— Certainement, mon enfant, puis-

que cela t'amuse. Commence, je t'é-
coute.

LA VANITÉ PUNIE.

Alphonsine Bertholmé eût été une charmante enfant si la vanité n'eût altéré toutes ses bonnes qualités. Quand elle avait revêtu sa robe à volants, son chapeau rond, ornée de dentelles, de rubans et de plumes, elle se croyait un personnage fort important et re- gardait du haut de sa petite taille les jeunes filles mises plus simplement qu'elle. Un jour qu'elle se promenait aux Tuileries avec sa bonne, elle fut accostée par une petite demoiselle à peu près de son âge qu'accompagnait une gouvernante fort simplement vêtue. La petite demoiselle avait une robe de mousseline rose sans garniture, et ses beaux cheveux blonds tombaient en boucles sur ses épaules sans être retenus par aucun ruban. Elle était mille fois plus gentille dans sa simplicité qu'Alphonsine avec sa toilette élégante. « Mademoiselle, dit-elle d'un air doux et gracieux, voulez-vous venir danser une ronde avec moi ? Mes

petites amies sont derrière l'allée d'o-
rangers. Nous nous amuserons beaucoup. »

Alphonsine jeta un regard dédai-
gneux sur l'enfant, et lui répondit
froidement : « Je vous remercie, ma
petite ; mais je craindrais de me chif-
fonner.

— Que n'avez-vous comme moi
une simple robe de mousseline ? Vous
ne seriez pas privée de vous mêler à
nos jeux ?

— Franchement, reprit Alphonsine

avec un rire méprisant, je préfère mon costume au vôtre, et je suis sûre que vous voudriez bien avoir un joli chapeau comme le mien.

— Venez, mademoiselle Herminie, dit la gouvernante, en emmenant la petite demoiselle. Ne vous arrêtez pas ici plus longtemps. Cette enfant est mal élevée. Elle n'est pas digne de jouer avec Votre Altesse. »

Au mot d'Altesse, Alphonsine ouvrit de grands yeux. Elle crut d'abord à une raillerie de la part de la gouvernante. Comment penser en effet qu'une princesse serait si simplement mise ? — Curieuse d'approfondir ce mystère, elle pria sa bonne de la conduire du côté des marronniers. Elle arriva en même temps qu'Herminie.

Mais quels ne furent pas ses regrets, en voyant une quantité de jeunes filles, toutes simples et fraîches comme les fleurs des champs, s'approcher de la petite demoiselle, et la saluer aussi du titre d'Altesse ! — C'était en effet la princesse Herminie qui avait réuni plusieurs petites filles de son âge, et leur offrait une délicieuse collation. Alphonsine, assise à l'écart, les vit manger avec appétit, puis danser et folâtrer; elle les entendit rire et chanter; elle assista de loin à la distribution de fruits confits et de bonbons que fit la petite princesse; elle pleura amèrement, regrettant, mais trop tard, de s'être privée de tant de plaisir par son orgueil et sa sotte vanité. »

XIV

La petite Jenny se met en colère.

Le livre bleu s'avançait ; aussi la petite Jenny fut-elle bien contrariée quelques jours après lorsque, s'approchant de Désirée pour faire sa lecture habituelle, celle-ci la pria d'attendre un peu qu'elle eût terminé un ouvrage qu'elle désirait finir promptement. Jenny devint très-rouge ; ses yeux étincelèrent, son front se plissa, et, trépignant de colère, elle lança son livre au milieu de la chambre.

— Oh ! Jenny, que c'est laid ! dit Désirée en continuant de travailler. Allez dans le petit coin, mademoiselle, et restez-y jusqu'à ce que vous ayez pris la résolution d'être douce comme votre colombe. »

Jenny, qui voyait bien qu'elle avait mal fait, se mit à pleurer amèrement, et se rendit dans un petit coin de la chambre. Elle avait le cœur bien gros, car elle aimait beaucoup la bonne Désirée, et elle n'ignorait pas qu'elle venait de lui faire de la peine. Après être restée quelques minutes en pénitence, elle essuya ses yeux, et, comme elle n'était ni boudeuse ni entêtée, elle ramassa son livre et courut se mettre à genoux devant Désirée, en lui disant :

« Bonne sœur, veux-tu me permettre

de revenir auprès de toi ?... Ma colère est passée. Cette naïveté fit sourire Désirée, qui ne put résister aux caresses de Jenny. Après lui avoir fait demander pardon au bon Dieu, elle lui permit d'apporter son petit tabouret et de commencer ainsi :

LA MÉCHANTE PETITE FILLE.

« Oh ! que cette enfant est laide ! que lui est-il donc arrivé ? Voyez, ces yeux à fleur de tête, ce visage enflammé, ces poings fermés. Est-ce un petit démon ? Non, c'est Ursule, qui vient de tomber dans un accès de colère parce que son frère ne veut pas l'emmener avec lui ! Ursule ne peut supporter aucune contrariété. Il faudrait

que tout le monde obéit à mademoiselle...
Son papa, sa maman, son frère, ses amies,
ses domestiques, tout doit plier devant elle,
et lorsqu'on lui refuse quelque chose, vous
voyez dans quel état elle se met. Elle sera
malheureuse toute sa vie, et rendra les autres bien malheureux aussi... Mais la voilà
qui se roule, qui crie, qui sanglote, qui se
débat dans une effroyable attaque de nerfs...
Vite, vite ! qu'on lui jette de l'eau sur la
figure !... Hélas ! mon Dieu ! elle étouffe,
elle suffoque, elle est morte !...

XV

La petite Jenny prend la résolution de ne plus se mettre en colère.

« Elle est morte ?... demanda Jenny en regardant sa sœur avec effroi.

— Hélas ! oui, mon enfant ; et voilà les suites funestes de la colère. On n'en meurt pas toujours, il est vrai, mais avec ce défaut, on a l'enfer dans le cœur, on se fait détester de tout le monde, et Dieu nous maudit.

— Oh ! ma sœur, je ne me mettrai plus jamais, jamais en colère... Mais lisons bien vite une autre histoire, celle-là était trop triste. »

IL NE FAUT JAMAIS MENTIR.

« Anna ! Anna ! viens donc jouer avec moi, criait Fanny Larné à une petite demoiselle qui sautait à la corde dans le jardin du Luxembourg. Celle-ci accourut en gambadant au-devant de Fanny , puis toutes deux continuèrent leurs jeux sans s'éloigner de leur bonne. Ce furent d'abord les *simples tours* et les *doubles tours*, puis les *chandelles* et la *promenade*. Leurs pieds mignons glissaient sous la corde légère, et leurs têtes expressives se baissaient gracieusement sous l'arc qu'elle formait. Les papas et les mamans s'arrêtaient pour les regarder, tandis que les enfants des deux sexes s'essayaient à imiter leur grâce et leur légèreté. Puis, après la corde, le cerceau avec ses bonds gracieux et fantastiques ; la course rapide sous les lilas en fleur ; enfin la marchande de polichinelles et de bimbeloteries devant laquelle s'arrêtèrent les deux enfants en extase.

«Ma bonne, dit Anna, maman m'a donné cette jolie pièce de dix sous toute neuve pour m'acheter ce que voudrai. J'ai bien envie de cette petite cage en perles qui contient ce charmant oiseau. Demandes-en donc le prix à la marchande.

— Un franc cinquante, ma petite demoiselle, répondit la marchande. Regardez comme c'est frais et joli !

— Oh! mon Dieu, quel dommage! s'écria Anna. Je n'ai que dix sous. Comment faire?

— Emprunte le reste à ta bonne, dit Fanny.

— Maman m'a défendu d'emprunter à qui que ce soit.

— Tu ne le lui diras pas. Tu feras croire à ta maman que la cage ne coûte que dix sous, et lorsqu'elle t'aura donné d'autre argent, tu le rendras à ta bonne.

— Ce que tu me conseilles là est mal, Fanny, lui répondit la petite Anna. Je sais qu'on ne doit jamais mentir; aussi je me passerai de ce joli joujou. » Et, reprenant sa corde à sauter, elle fit quelques pas en arrière pour ne plus être tentée. Mais une amie de sa maman, qui se trouvait là par hasard, avait entendu Anna; et, pour la récompenser, elle acheta la cage avec l'oiseau. « Mon enfant, lui dit-elle, acceptez ce joujou, et vous, Fanny, rappelez-vous toujours que le mensonge déshonore le cœur et les lèvres des jeunes chrétiennes. »

XVI

La petite Jenny est un peu paresseuse.

« Décidément, ma sœur, il m'est impossible d'écrire aujourd'hui, s'écria un matin la petite Jenny. Je ne suis pas *en train!...* » Et, jetant loin d'elle plume, encre et papier, elle se leva, fit une gambade, et courut embrasser la bonne Désirée.

Qu'est-ce qui peut donc t'empêcher d'être *en train?* demanda celle-ci en souriant. Une petite idée de paresse?... »

— Mon Dieu, non! mais regarde ces *o* et ces *i* comme ils vont tout de travers... Puis vois ces deux ou trois *pâtés* qui les accompagnent... ma plume *crache;* mon encre est mauvaise; le papier détestable ; j'ai les doigts engourdis... petite sœur, permets-moi de me reposer, je t'en prie!...

— Si tu t'imagines ne pouvoir écrire pour l'instant, tu pourras lire, du moins, dit Désirée.

—A te parler franchement, ma sœur, je n'en ai pas trop envie non plus... Cependant les histoires du livre bleu m'amusent tant que j'aime décidément beaucoup mieux la leçon de lecture que celle d'écriture. » Alors Jenny courut chercher son livre, et l'ouvrit au hasard. Les premiers mots qui fixèrent ses regards, furent ceux-ci : *Il faut travailler*. Elle rougit beaucoup, et s'écria avec un peu d'impatience : » En vérité, je n'y comprends rien ! Chaque histoire semble être faite pour moi seule !...

— Tu reconnais donc que tu viens d'être prise d'un bel accès de paresse ? dit Désirée avec douceur.

— Peut-être, ma sœur... mais c'est si ennuyeux de travailler.

— Eh bien ! lisons l'histoire ; nous y trouverons, sans doute, le motif de la nécessité du travail.

IL FAUT TRAVAILLER.

« Maman, s'écriait un jour la gentille Nelly en montrant à sa mère un rouge-gorge qui voltigeait dans les airs, je voudrais bien être comme ce petit oiseau qui s'amuse toute la journée, qui n'a point de leçons à apprendre ni d'ourlets à faire. Je voudrais bien toujours jouer, toujours courir, toujours me promener!...

— Tu crois donc que ce petit oiseau n'a rien à faire, Nelly? demanda sa maman.

— Mais sans doute, maman.

— Détrompe-toi, ma chère enfant : ce petit oiseau, comme la plupart des êtres que le bon Dieu a créés, travaille du matin au soir. Il n'a pas le même genre d'occupation que nous, il est vrai; mais il n'en est pas moins fort occupé. Regarde-le avec attention, et tu verras qu'il ne voltige pas seulement pour le plaisir de planer dans les airs; mais afin de poursuivre les insectes qui doivent servir à sa nourriture et à celle de sa famille, et aussi pour rassembler les divers matériaux nécessaires à son habitation aérienne. Le vois-tu, dans ce moment, portant un brin de mousse dans son bec? Cette mousse servira à façonner le nid de ses petits ; car la divine Providence lui a donné l'instinct nécessaire pour leur construire une retraite qui les dérobe à la vue de l'homme ou à l'avidité des oiseaux de proie. A peine les petits auront-ils percé l'œuf qui les renferme que le bon père s'occupera du matin au soir à voler après les insectes, afin de porter la becquée à sa famille naissante. Tu vois que le petit oiseau n'a pas un instant à perdre.

— Alors, maman, je voudrais être comme la gentille abeille qui suce les fleurs ou comme le joli papillon aux brillantes couleurs.

— La gentille abeille qui suce les fleurs, mon enfant, n'a pas le temps de jouer, je te l'assure : c'est elle qui fait ce bon miel si doux, si sucré dont tu aimes tant couvrir la tartine de pain qui sert pour ton goûter ; — et le papillon aux brillantes couleurs, était autrefois cette laide chenille qui t'inspire tant de dégoût. Il n'est parvenu à se revêtir de cette gracieuse enveloppe qu'après avoir supporté pendant quelques mois le travail pénible de plusieurs métamorphoses. Les robes de soie que tu admires avec raison sont le produit des fils tissés par l'une de ces chenilles.

— Mais enfin, maman, tous les insectes, tous les oiseaux, tous les animaux, tous les hommes ne travaillent pas : il en est qui n'ont rien à faire, et ceux-ci sont bien heureux !

— Je t'ai dit, ma petite Jenny, que tous les êtres de la création travaillent ou doivent travailler chacun à sa manière; et ceux qui ne remplissent pas la tâche que le bon Dieu leur a donnée sont des *paresseux* et ne méritent pas de jouir de ses bienfaits. Vois comme ton père travaille chaque jour pour nous assurer le pain qui doit apaiser notre faim, les vêtements qui doivent couvrir notre corps. — Me trouves-tu jamais oisive ?... ne suis-je pas toujours occupée, soit à raccommoder le linge de la famille, soit à préparer vos repas, soit enfin à toucher du piano, à peindre, à écrire, à lire ?... Pourquoi donc serais-tu la seule qui résisterait à la volonté de Dieu ?......

— Je serais, en effet, bien coupable, maman. Mais je suis encore si petite que je ne sais pas faire grand'chose...

— C'est justement pour cela que tu as beaucoup à apprendre ; et c'est aussi parce que tu es petite, que nous n'exigeons pas que tu travailles longtemps de suite. Ton devoir en ce qui concerne le travail, se réduit donc à t'appliquer à tes leçons de lecture et d'écriture, à réciter sans murmurer les petites fables que je prends la peine de t'enseigner ; enfin à marquer ou à ourler avec persévérance et application.

— Petite mère, je vois bien maintenant qu'il faut travailler, et je vous promets de surmonter ma paresse afin d'obéir au bon Dieu et de vous faire plaisir ainsi qu'à mon papa. »

XVII

La petite Jenny s'applique beaucoup à sa leçon d'écriture.

A peine la petite Jenny eut-elle terminé cette histoire que, sans rien dire, elle courut à sa table de travail, prit la plume et le papier qu'elle avait jetés auparavant avec tant d'impatience, et se mit à tracer des *o* et des *i* avec une si grande application qu'au bout d'un quart d'heure elle vint montrer à la bonne Désirée une page bien nette et bien lisible. Celle-ci la caressa affectueusement en lui disant : Conviens avec moi, ma chère petite, que tu es plus contente de toi maintenant qu'au moment où tu t'imaginais n'être pas *en train* d'écrire. C'est que, vois-tu, le travail porte toujours avec lui sa récompense.

— Ma sœur, dit Jenny, si tu me le permettais, je continuerais ma lecture que j'ai interrompue tout à l'heure pour reprendre ma page d'écriture.

— Il est bon de travailler, sans doute, ma petite Jenny ; mais il ne faut d'excès en rien. Allons d'abord faire un tour de promenade ; puis, en revenant, lorsque ton imagination sera un peu reposée, nous reprendrons la lecture.

Jenny prit la main de sa bonne sœur, et toutes deux, accompagnées de leur vieille domestique, se dirigèrent vers une charmante vallée ombragée par de grands arbres, arrosée par une jolie rivière aux flots capricieux qui répandaient une fraîcheur douce et agréable.

Après s'être réposées quelque temps à mbre des peupliers dont les feuilles tremblaient avec un doux frémissement, Désirée permit à Jenny d'ouvrir le livre bleu et de commencer ce qui suit :

IL NE FAUT PAS TRAVAILLER LE DIMANCHE.

La petite Nelly avait été si frappée des avis que lui avait donnés sa bonne mère que le lendemain, à son réveil, désirant lui faire une surprise, elle ouvrit son panier à ouvrage qui contenait un dé d'acier brillant et poli, des ciseaux, un étui rempli d'aiguilles et une pelote de fil d'Écosse ; puis, prenant un mouchoir qu'elle avait commencé la veille, elle se mit à continuer l'ourlet. Elle avait déjà fait quelques points lorsque sa maman entra dans sa chambre.

« Mon enfant, lui dit-elle, j'approuve ton intention, car je suis sûre qu'en travaillant ainsi de bonne heure, tu voulais me faire plaisir ; mais dis-moi un peu quel jour nous sommes aujourd'hui ? »

Nelly réfléchit un instant ; puis elle rejouit :

« C'était hier samedi ; c'est, je crois, aujourd'hui dimanche.

— En effet, ma petit Nelly, c'est aujourd'hui le jour du repos : on ne doit pas travaille le dimanche.

— Pourquoi donc, maman ? demanda Nelly avec étonnement.

— Parce que le bon Dieu le défend, et qu'il se réserve spécialement ce jour pour recevoir les adorations et les prières de ses enfants.

— Mais pourquoi le bon Dieu l'a-t-il défendu ? continua Nelly.

— Ce n'est pas à nous de demander à Dieu *pourquoi* il défend telle ou telle chose, ma chère petite. Dieu est le maître du temps, des jours, des mois comme il l'est de toute créature. Il est tout-puissant, il est sage, il est bon : nous devons obéir à tous ses commandements avec joie et promptitude.

— Je ne demande pas mieux je vous assure, maman, d'obéir au bon Dieu surtout dans cette circonstance. Mais alors, que doit-on faire le dimanche si l'on ne peut travailler?...

— On doit employer le dimanche à remercier Dieu des biens dont il nous comble sans cesse; à lui demander ses grâces, à visiter les pauvres, les malades, les orphelins, à délasser son esprit et son corps par d'agréables récréations. Tu te rappelles sans doute que, le dimanche, je vais souvent à l'église; que je ne couds ni ne brode jamais, et que j'ai choisi ce jour pour visiter la bonne mère Mathurin.

— C'est vrai, maman. Permettez-moi de vous accompagner aujourd'hui à l'église et chez cette bonne vieille. Je vous promets d'être bien sage, et de remercier Dieu de tout mon cœur de nous avoir donné le dimanche pour nous reposer, le prier, et soulager les pauvres. »

—Qu'elle est gentille, cette petite Nelly, s'écria Jenny. Je crois que, si nous nous connaissions, nous nous aimerions beaucoup! Oh! oui, vive le dimanche! Je t'assure, ma sœur, que je ne travaillerai jamais ce jour-là, puisque le bon Dieu le défend! »

XVIII

« Ma sœur, il n'y a plus que deux histoires, dit Jenny en s'approchant le lendemain de Désirée pour faire la lecture. Que
lirai-je donc après cela ?

— Notre bonne mère te le dira elle-
même, ma chère petite ; car elle revient
aujourd'hui.

— Maman revient aujourd'hui ! Ah ! que
je suis contente ! Tu lui diras, n'est-ce-pas,

que j'ai été bien sage, et que je lis tout à fait couramment ?

— Oui, ma Jenny, et je suis sûre qu'elle t'en aimera davantage encore. Mais ouvre bien vite ton livre, car maman ne peut tarder beaucoup maintenant.

LES ENFANTS DOIVENT OBÉIR A LEURS PARENTS.

Marguerite, enfant de six ans, était très-désobéissante. Il suffisait que ses parents lui commandassent quelque chose pour qu'elle ne le fît pas. Si elle y était contrainte, elle y mettait toujours beaucoup d'humeur et de mauvaise grâce. Aussi Dieu, qui déteste la désobéissance la punit-il bien sévèrement. Un jour sa maman fut obligée de s'absenter un instant pour une affaire très-pressée. Elle laissa Marguerite toute seule, en lui recommandant expressément de ne toucher à rien pendant son absence, et de s'amuser avec son ménage et sa poupée. Marguerite le promit comme elle faisait toujours, car les enfants désobéissants sont ordinairement menteurs; mais, à peine sa maman fut-elle sortie, que l'envie lui prit de toucher à des allumettes chimiques. En vain ses parents le lui avaient défendu plusieurs fois. La petite désobéissante n'en tint aucun compte. Elle court dans la cuisine, monte sur une chaise pour atteindre le paquet d'allumettes qui était hors de sa portée; puis elle en retire plusieurs afin de se donner le plaisir d'un feu d'artifice de sa façon. Les premières

qu'elle frotta le long du carreau ne s'allu-
mèrent que difficilement ; elle en prit alors
deux ou trois à la fois qui répandirent une
flamme plus forte.... Tout à coup une étin-
celle tombe sur la robe d'étoffe légère de
l'enfant. Le feu l'environne ; elle se débat
dans les flammes en jetant des cris de ter-
reur. On accourt, on enfonce la porte.....
mais déjà Marguerite avait succombé ; et
quand sa pauvre mère revint, elle la trouva
morte dans d'affreuses douleurs. »

« L'heure s'avance, ma sœur, dit Jenny
en regardant la pendule. Notre bonne
petite maman ne tardera pas... N'importe !
commençons la dernière histoire :

LES TROIS PETITES SŒURS.

Pauline, Albertine et Marie étaient sœurs. Pauline avait huit ans, Albertine, six, et Marie, cinq. Elles étaient toutes les trois si unies qu'on ne les voyait jamais l'une sans l'autre. Leurs toilettes étaient toujours pareilles, leurs ménages, leurs poupées, leurs livres, tout était en commun. Dans leur chambre, tendue d'un joli papier bleu, se trouvaient trois petits lits bien blancs, bien bordés, bien rebondis, où elles venaient le soir se reposer des promenades et de l'étude du jour. Comme Pauline était l'aînée, elle remplaçait sa maman dans les soins à donner aux plus jeunes. C'était elle qui habillait et déshabillait ses sœurs, qui les coiffait et qui disait à haute voix les prières qu'Albertine et Marie répétaient tout bas. C'était encore Pauline qui leur apprenait de petites fables, qui les faisait lire, et qui dirigeait les doigts d'Albertine pour tracer quelques lignes d'écriture. — Mais si Pauline était bonne envers ses sœurs, celles-ci étaient charmantes pour elle. Jamais d'impatience de ni disputes. Elles obéissaient à Pauline comme elles le faisaient envers leur mère, et quand elles ressentaient quelque gros chagrin, c'était toujours vers leur sœur qu'elles couraient pour être consolées.

Albertine tomba malade de la rougeole. Comme on craignait que ses sœurs n'attrapassent cette maladie, on ne voulait pas les laisser entrer dans la chambre d'Albertine ; mais elles firent tant d'instances, que leur maman consentit à leur demande.

Pauline s'installa auprès du lit de sa petite sœur, et lui donna elle-même toutes les tisanes que le médecin commandait, tandis que la petite Marie lui apportait des fleurs, en tressait des couronnes, et les posait sur le lit de sa sœur pour lui réjouir la vue.

Quand Albertine fut en convalescence, Pauline lut à haute voix de jolies histoires pour la distraire, joua avecelle aux dominos, à *Pigeon-vole*, à *Comment l'aimez-vous ?* — Marie lui découpa des images,

lui apporta toutes ses poupées etfit la dî-
nette auprès de son lit. Tout cela se faisait
doucement et sans bruit. Dieu bénit ces
aimables enfants : Albertine revint à la
vie ; et, quelque temps après leur maman
leur annonça que Dieu venait de leur en-
voyer un petit frère. Ce fut une joie bien
grande pour elles. Quel bonheur de bercer
Stanislas, de le porter doucement dans
leurs bras et de chercher à le faire rire !

Puis, plus tard, lorsqu'il commença à
marcher, comme toutes trois surveillaient
ses premiers pas, tendaient leurs petites
mains pour le recevoir, riaient de sa joie
innocente et pure, pleuraient lorsque quelque souffrance passagère le faisait crier !
Les trois sœurs grandirent ainsi unies par
les liens si doux de l'amitié entourant leur

jeune frère de soins et de tendresse, n'ayant qu'un cœur et qu'une âme. Leur vie fut heureuse, car rien n'assure le bonheur comme la paix et l'union dans les familles. »

XIX

Retour de la maman de la bonne Désirée et de la petite Jenny.

En achevant sa leçon, Jenny leva les yeux, et rencontra ceux de sa bonne mère qui étaient fixés sur elle avec attendrissement. Madame Bernard était entrée sans que ses enfants l'entendissent. Elle avait assisté à la lecture de la dernière histoire du livre bleu. « Maman ! maman !... »

s'écrièrent les deux jeunes filles en sautant de joie, et en se jetant à son cou.

— Moi-même, mes chers enfants, heureuse de l'union qui règne entre vous. Puissiez-vous la conserver toujours !

— Vous m'avez entendue lire, maman ? demanda Jenny.

— Oui, ma Jenny, et je vois avec beaucoup de plaisir que tu as profité des leçons que t'a données ta bonne sœur. Embrassez-moi encore, mes enfants. Je suis contente de vous. Recevez en témoignage de ma satisfaction, toi, Désirée, ce nécessaire en argent ; toi, Jenny, ce beau livre doré sur tranche. Puisse-t-il développer les bons sentiments que le livre bleu a dû faire naître dans ton cœur ! »

TABLE DES MATIÈRES.

FIN DE LA TABLE.

CORBEIL, imprimerie de CRÉTÉ.